AF311939

L'ABBÉ COCHET

AU HAVRE

SA MAISON NATALE

HOMMAGES RENDUS A SA MÉMOIRE

PAR

Léon BRAQUEHAIS

Sous-Bibliothécaire de la ville du Havre, Officier d'Académie,
Membre de la *Société Française d'Archéologie pour la conservation et la description
des Monuments historiques*, de la *Société Havraise d'Études diverses*,
Collaborateur à la *Normandie Littéraire*, *Archéologique*, *Historique*, etc.

AVEC UN PORTRAIT DE L'ABBÉ COCHET
ET UNE VUE DE SA MAISON NATALE

ROUEN

IMPRIMERIE E. MARGUERY ET Cⁱᵉ

HAVRE. — LIBRAIRIE A. BOURDIGNON FILS

1889

L'ABBÉ COCHET AU HAVRE

SA MAISON NATALE

HOMMAGES RENDUS A SA MÉMOIRE

L'ABBÉ COCHET

AU HAVRE

SA MAISON NATALE

HOMMAGES RENDUS A SA MÉMOIRE

PAR

Léon BRAQUEHAIS

Sous-Bibliothécaire de la ville du Havre, Officier d'Académie,
Membre de la *Société Française d'Archéologie pour la conservation et la description
des Monuments historiques*, de la *Société Havraise d'Études diverses*,
Collaborateur à la *Normandie Littéraire, Archéologique, Historique*, etc.

———+*+———

AVEC UN PORTRAIT DE L'ABBÉ COCHET

ET UNE VUE DE SA MAISON NATALE

ROUEN

IMPRIMERIE E. MARGUERY ET Cⁱᵉ

———•———

HAVRE. — LIBRAIRIE A. BOURDIGNON FILS

1889

MAISON NATALE DE L'ABBÉ COCHET

D'après le dessin de M. J. George, architecte.

L'ABBÉ COCHET AU HAVRE

SA MAISON NATALE

HOMMAGES RENDUS A SA MÉMOIRE

« Je suis Havrais de naissance et de cœur. »

L'Abbé COCHET.

Au commencement de ce siècle, Jean-Marie Cochet, un brave artilleur qui avait tiré le premier coup de canon au siège de Toulon, et sur la poitrine duquel brillait la croix d'honneur, était gardien de la batterie des Huguenots ou de la Briqueterie. Cette partie du territoire dépendait à cette époque de la commune de Sanvic, mais elle a été annexée à la ville du Havre en 1852.

Jean Cochet était originaire de Bourgogne et avait épousé Victoire-Pélagie Poidevin, née à Ingouville.

Dans son intéressante *Histoire de Sanvic*, M. Alphonse Martin nous apprend que ces jeunes époux habitaient la maison dite des Trois-Cheminées, que l'on vient de démolir en partie pour l'élargissement du boulevard Maritime. Cette habitation occupait les numéros 3 et 5 de la rue Guillemard (ancienne rue des Tuileries) et était adossée à la batterie dont nous venons de parler.

Dans cette modeste maison naquit, de l'union de Jean Cochet et de Victoire Poidevin, un enfant qui devait être le célèbre abbé Cochet. Ce fait a été rappelé par une inscription commémorative que nous avions été heureux de faire placer à nos frais sur la façade de cette habitation. C'est avec un grand regret que nous venons de voir disparaître ce marbre, sur lequel on lisait :

ICI EST NÉ

JEAN-BENOIT-DÉSIRÉ

COCHET

LE 7 MARS 1812.

« Mes premières années, dit l'abbé Cochet (1), se passèrent au corps de garde, et mon petit char d'enfant fut traîné par des soldats. Le lendemain de ma naissance, des bras militaires me portèrent à la vieille église romane de Sanvic (2) et me présentèrent aux fonts du baptême. Ils m'y donnèrent les noms de Jean-Benoît-Désiré. Le premier est un nom d'apôtre, le second un nom de moine, le troisième un nom d'évêque. Il y avait toute une destinée ecclésiastique dans ces trois noms.

» L'eau de la régénération chrétienne fut versée sur mon front par des mains bénédictines. Dom Monthois, curé de Sanvic depuis le Concordat, et décédé en 1830, était le dernier prieur de l'abbaye de Valmont. Il était sans doute écrit qu'il y aurait presque du sang bénédictin dans mes veines, car mon premier maître, celui qui m'a appris le catéchisme en 1822, et qui me donna les premières leçons, les premiers éléments de la religion et la littérature, était un ancien moine bénédictin des abbayes du Bec et de Fécamp.

» En janvier 1814, mon père fut envoyé à Étretat pour y garder les trois batteries qui défendaient cette plage. Je dus alors quitter cette belle embouchure de la Seine, que j'ai tant admirée et tant aimée depuis. Tout enfant que j'étais, on m'avait déjà porté au phare de la Hève, et la main de mon père avait gravé mon nom sur le verre de ce fanal maritime, dont les doux feux devaient m'éclairer jusqu'aux rochers d'Étretat. »

(1) *Autobiographie de l'abbé Cochet*. Manuscrit conservé à la bibliothèque du Petit-Séminaire de Rouen.

(2) Le marteau démolisseur a fait disparaître cet ancien édifice, qui a été remplacé, en 1867, par celui que nous voyons aujourd'hui, construit dans le même style.

Ce fut donc à Étretat que s'écoula l'enfance du futur archéologue. En 1827, M. l'abbé Robin, alors curé de Notre-Dame du Havre, ayant remarqué les heureuses dispositions du jeune Cochet pour l'étude, le fit entrer au collège de cette ville, où il eut pour régent de cinquième un homme excellent et non moins bon humaniste, M. Langlois. L'élève du futur évêque de Bayeux ne resta que quelques mois au collège du Havre, et fut placé ensuite au Petit-Séminaire de Rouen.

Il entra au Grand-Séminaire en 1831, et acheva sa seconde classe de théologie en 1834. L'année suivante, l'abbé Cochet découvrait une villa romaine à Étretat et contribuait à préserver de la ruine la curieuse église romane de Saint-Jean-d'Abetot, menacée de destruction par le conseil municipal de la Cerlangue (1).

Le 28 mai 1836, il fut ordonné prêtre et nommé le même jour au vicariat de Saint-François du Havre.

« Le Havre, que je quittai si assombri par la guerre, écrivait l'abbé Cochet à cette époque, s'est bien réveillé depuis. Cette côte d'Ingouville, toute nue alors, s'est couverte de pavillons et de splendides villas. Ce rivage, qui s'étendait en anse depuis la Hève jusqu'à la jetée, là où l'on ne voyait que quelques tristes fourneaux destinés à cuire les briques blanches et les tuiles grises, est devenu depuis ce temps une véritable ville, toute couverte d'usines et de chantiers de construction. »

Ce jeune ecclésiastique fonda au Havre, en 1838, la Société de Saint-François-Régis, pour le mariage des pauvres.

M. Charles Vesque (2) dit dans son *Histoire des Rues du Havre* que.

(1) M. Alphonse Martin vient de publier une consciencieuse *Étude historique et descriptive sur la Cerlangue et Saint-Jean-d'Abetot*. Cet ouvrage est orné de 12 planches en glyptographie.

(2) Le 10 mars 1854, l'abbé Cochet écrivait à cet historien : « Ma maison natale faisait autrefois partie de Sanvic, mais à présent, Dieu merci, c'est le Havre, et *je suis Havrais de naissance et de cœur.* »

pendant son séjour dans notre ville, l'abbé Cochet habita la maison portant le n° 42 de la rue du Grand-Croissant : mais, ajoute le même auteur, ce fut dans le cabinet littéraire que Joseph Morlent forma chez lui, rue Bernardin-de-Saint-Pierre, n° 2 *bis,* que l'abbé Cochet tenta sès premiers essais, en compagnie de plusieurs autres écrivains havrais.

Après avoir trouvé sa voie, l'abbé Cochet s'adonna avec ardeur aux études historiques et archéologiques, et fit beaucoup de recherches à la Bibliothèque municipale du Havre, où l'on conserve précieusement ses ouvrages.

Son premier écrit date de 1833 et a pour titre : *Excursions romantiques sur les bords de la Durdent et de la rivière de Fécamp.* Ce mémoire était resté inédit, mais il a été publié en 1887, par M. l'abbé Tougard, un de nos principaux bibliophiles normands.

En 1839, l'abbé Cochet a publié, dans *Le Havre et son Arrondissement,* les chapitres sur *Criquetot, Étretat, Yport, Bruneval, Saint-Jean-d'Abetot, Goderville, Lillebonne ancien* et *Bréauté.*

Pendant son séjour au Havre, c'est-à-dire de 1836 à 1840, l'abbé Cochet a encore donné les ouvrages suivants :

Rapport pour l'établissement d'une Société charitable de Saint-François-Régis au Havre, 1839 ; *Compte-rendu des travaux de la Société Saint-François-Régis du Havre, pendant les années 1839 et 1840 ; Essai historique et descriptif sur l'abbaye de Graville,* 1840 ; *Histoire communale du Tilleul,* 1840 : *Histoire de Criquetot-l'Esneval,* rédigée d'après les manuscrits de l'abbé Lebret, 1840.

Le 24 octobre 1840, l'abbé Cochet fut nommé premier vicaire de la paroisse Saint-Remy de Dieppe, et, en 1842, aumônier du collège royal de Rouen, mais son séjour dans cet établissement fut de courte durée, car sa santé étant épuisée par un travail excessif ne lui permit plus l'exercice des fonctions sacerdotales. Le 1er février 1846, l'abbé Cochet donna sa démission d'aumônier et se retira à Dieppe, rue d'Ecosse, n° 123, où il habita pendant vingt-cinq ans et composa ses principaux ouvrages.

Les archéologues dieppois ont eu l'heureuse idée de faire placer une inscription commémorative sur la façade de cette maison.

En 1846, l'abbé Cochet venait de terminer la description des *Églises de l'arrondissement du Havre* (2 vol. gr. in-8°). Ensuite il publia successivement les volumes suivants :

Les Églises des arrondissements de Dieppe et d'Yvetot, 4 vol. gr. in-8°, 1850-1854 : *La Normandie souterraine*, gr. in-8°, 1854-1855 : *Sépultures gauloises, romaines, franques et normandes*, gr. in-8°, 1857 ; *Le Tombeau de Childéric* (1), gr. in-8°, 1859 ; *Galerie Dieppoise*, in-8°, 1862 : *La Seine-Inférieure historique et archéologique*, in-4°, 1864-1866, et *Le Répertoire archéologique du département de la Seine-Inférieure*, in-4°, 1871.

Indépendamment de ces importants ouvrages, cet infatigable travailleur trouva encore le moyen de publier 190 brochures.

De tels travaux méritaient des récompenses et des distinctions honorifiques, et elles ne manquèrent pas au savant abbé Cochet, car après avoir été nommé inspecteur des monuments historiques de la Seine-Inférieure et des monuments religieux du diocèse, il obtint plusieurs médailles d'or, les palmes académiques et la croix de la Légion-d'Honneur. Ensuite, il fut chargé de la direction du Musée d'antiquités de Rouen et l'Institut couronna sa vie en l'admettant au nombre de ses membres correspondants.

« A Rouen et dans le pays de Caux, a dit avec raison notre ami

---

(1) L'auteur de cette notice possède les manuscrits originaux de *La Normandie souterraine*, des *Sépultures gauloises, romaines, franques et normandes*, et du *Tombeau de Childéric*, ainsi qu'une mèche de cheveux de l'abbé Cochet, qui lui a été offerte par M. l'abbé Tougard, docteur ès-lettres, bibliothécaire du Petit-Séminaire de Rouen.

regretté, M. Brianchon (1), ce qu'on salue principalement dans l'abbé Cochet, c'est l'historien de nos vieilles églises ; mais dans toute la France et le monde savant, ce qui a surtout répandu son nom et formé sa gloire, ce sont les fouilles et ses découvertes souterraines. Depuis 1842, date de ses premières explorations à Étretat, jusqu'au mois d'avril 1875, époque de ses dernières recherches à Incheville, l'abbé Cochet a créé, développé, vivifié deux branches considérables de notre histoire. La première est l'archéologie gallo-romaine, franque ou mérovingienne, dont il a retrouvé les principaux éléments dans la Seine-Inférieure, notamment à Lillebonne, à Fécamp, à Douvrend et à Envermeu, et dont il a codifié les lois dans deux ouvrages devenus classiques. Nous voulons parler de *La Normandie souterraine,* qui expose les principes et les faits de la nouvelle théorie, et du *Tombeau de Childéric,* qui résume dans une brillante synthèse les œuvres de notre compatriote et en forme le couronnement.

» Le second titre d'honneur de l'abbé Cochet, ce sera d'avoir fondé parmi nous la science de l'archéologie sépulcrale. A l'aide de découvertes sans nombre et judicieusement critiquées, il a pu réglementer une matière jusque-là demeurée à l'état de chaos. Le moyen trouvé par lui est aussi simple qu'efficace. La céramique, ou, en d'autres termes, le vase de terre, est devenu entre ses mains le meilleur diagnostic du passage de l'homme sur la terre. Il en a fait une véritable lampe sépulcrale. Mais si la céramique lui a aidé à classer le tombeau de l'homme, d'autre part, la sépulture est devenue l'échelle de la céramique elle-même. Ces deux sciences se sont ainsi servies et éclairées mutuellement.

» Malgré cela, ajoute M. Brianchon, ce serait une erreur de croire que l'abbé Cochet fût accepté de tous. Il était contesté par plusieurs. Mais

(1) Bulletin d'Étretat, année 1862, p. 98, et Bulletin de la *Société de l'Histoire de Normandie,* 1875-80, p. 43.

cette contradiction même n'est-elle pas le signe assuré du talent ? En le heurtant, elle le révèle et le consacre. Le torrent qui, sur un lit de sable plane, promène tranquillement ses eaux, s'il rencontre un rocher, rugit, s'irrite et le blanchit d'écume. »

« Laissons aux esprits impuissants et jaloux, dit M. l'abbé Julien Loth (1), aux hommes oisifs qui perdent leur temps à des futilités et bornent toute leur culture intellectuelle à la lecture du journal ou du roman à la mode, le triste privilège de dénigrer les travailleurs patients et obstinés qui se sont donné la tâche de défricher le dur champ de la science. Sachons être justes et reconnaissants pour ces pionniers qui, comme l'abbé Cochet, ont frayé des voies nouvelles aux investigateurs du passé. A de tels hommes, s'ils se sont parfois mépris, il sera beaucoup pardonné, parce qu'ils ont beaucoup travaillé. »

De 1841 à 1871, ses principales brochures sur le Havre et son arrondissement sont :

Les Cachots de la Tour du Havre, 1841 ; *Notice sur la vie et les écrits de dom Guillaume Fillastre*, 1841 ; *Fouilles du château Gaillard, près Étretat*, 1842 ; *Les Inondations, Pèlerinage à Fécamp, Yport, Vaucotte et Étretat*, 1842 ; *L'Étretat souterrain*, fouilles de 1835 à 1843 ; *Voies romaines de l'arrondissement du Havre*, 1844-1846 ; *Étretat, son passé, son présent, son avenir*, 1850 ; *Rapport sur les fouilles du bois des Loges, faites en août 1851* ; *Rapport à M. le Maire du Havre sur les anciennes sépultures et les pierres tombales trouvées à Leure en 1856* ; *Une Fonderie de canons à Graville au XVIIIe siècle*, 1862 ; *Mémoire sur une remarquable sépulture romaine trouvée à Lillebonne*, 1866 ; *Le Tombeau de Sainte-Honorine à Graville*, 1867 ; *La Mosaïque de Lillebonne*, 1871 ; *Notes sur des sépultures antiques trouvées au Havre en 1870 et en 1871*.

Ces ouvrages nous prouvent que l'abbé Cochet s'est toujours beaucoup

(1) *Notice sur M. l'abbé Cochet*. Rouen, 1877, p. 13

intéressé à l'histoire de sa ville natale, dont il rappelle ainsi l'origine, à la première page de sa description des *Églises de l'arrondissement du Havre* :

« On a dit que les plus grandes choses avaient eu souvent de petits commencements : le Havre justifie pleinement cet axiòme de la sagesse antique. Cette ville, aujourd'hui si florissante et si splendide dans ses entreprises et dans ses monuments maritimes, ne fut pas toujours le centre du commerce, ni le rendez-vous universel de la marine. Cette cité, que l'on croirait un quartier de Paris détaché de la capitale par une colère de la Seine et porté par le fleuve jusqu'à son embouchure, comme le chef de Saint-Denis, ne fut autrefois qu'une grande alluvion, qu'un vaste marais sortant de la mer comme la terre après le déluge. Fille de l'Océan, comme la déesse antique, elle s'est donnée pour ceinture flottante les riches couleurs des nations. »

Il faut avouer que ce style est bien celui d'un Havrais de naissance et de cœur.

Le 5 février 1874, l'abbé Cochet revint au Havre pour inaugurer, en l'église Notre-Dame, l'épitaphe des trois frères Raoulin. Cette même année, il découvrait des tombeaux francs à Epouville. Après cette dernière exploration dans nos environs, il rédigea une notice pour la *Société Havraise d'Études diverses,* dont il faisait partie depuis 1841 ; mais il n'eut pas la satisfaction de voir son mémoire imprimé, car, le 1er juin 1875, c'est-à-dire au moment où ce travail allait être mis sous presse, l'illustre abbé Cochet terminait sa brillante carrière, à la suite d'une longue et douloureuse maladie.

Il était alors âgé de soixante-trois ans.

Etant décédé à Rouen, rue Saint-Patrice, nº 29, où il habitait, l'abbé Cochet fut inhumé en cette ville le vendredi 4 juin, au milieu d'une assistance très nombreuse et composée en partie de l'élite des archéologues français. Après un service funèbre célébré en l'église de Saint-Patrice, sa paroisse, son corps fut déposé au cimetière Monumental. Sur

sa tombe, deux discours remarquables furent prononcés : le premier par
M. Brianchon, au nom de la Commission des Antiquités de la Seine-
Inférieure ; le second par M. l'abbé Julien Loth, au nom de l'Académie
de Rouen.

Une souscription ouverte dans toute la France, et qui a produit près
de 12,000 francs, a permis aux admirateurs de l'abbé Cochet d'élever un
beau monument en sa mémoire.

L'inauguration de ce monument funèbre, construit d'après les plans
de l'éminent architecte, M. Sauvageot, eut lieu au cimetière Monumental, le 4 juin 1877, à trois heures de l'après-midi. M. l'abbé Jeuf-
frain, archiprêtre de la Cathédrale, assisté d'élèves du Grand-Séminaire,
a procédé à la bénédiction de ce tombeau.

Aussitôt après, M. Gustave Gouellain, le savant céramiste rouennais
et le zélé président pour l'érection du monument, a prononcé un discours
très étendu, rempli d'intéressants détails sur l'abbé Cochet. Ensuite,
M. le docteur Lecadre, président de la *Société Havraise d'Études
diverses,* a adressé un dernier adieu à cet illustre archéologue. L'assistance s'est retirée profondément impressionnée.

« Si l'abbé Cochet avait pu être consulté sur le monument que ses
amis viennent de lui élever, dit M. l'abbé A. Tougard (1), nul doute qu'il
ne l'eût approuvé, dans l'ensemble et dans les détails. Son ornemen-
tation, aussi élégante que sobre, révèle à l'œil le moins expérimenté
qu'elle protège les restes du prêtre, historien des églises normandes et
l'un des fondateurs de la sépulcrologie. Le prêtre s'y reconnaît à l'étole
et au calice, reproduisant le célèbre calice de Saint-Remy. Les quatre
colonnettes qui contournent le pinacle, et les autres motifs de la décora-
tion, rappellent très bien les *Notices archéologiques sur Sainte-Honorine de Graville et Saint-Hildevert de Gournay,* qui préludèrent aux
six volumes des *Églises.* Enfin, les fouilles funéraires, si savantes et si

(1) *Revue de l'Art Chrétien,* 1877, t. XXIII, p. 499-500

fécondes, d'où sortirent *La Normandie souterraine* et les *Sépultures gauloises, romaines et franques,* sont représentées ici par plusieurs objets recueillis dans les fouilles, notamment par le barillet, spécial à la Normandie....

» L'étranger, continue M. l'abbé Tougard, n'a pas voulu laisser la France payer seule ce légitime tribut. Des souscriptions sont venues des Pays-Bas, du Danemark et de la Suède. L'Angleterre s'est distinguée par des manifestations dont elle n'est guère prodigue. La *Société des Antiquaires de Londres,* l'une des premières du Monde, s'est inscrite pour une somme de cent francs, en déclarant — éloge reproduit dans ses *Bulletins* — que la France avait perdu « le premier de ses antiquaires. »

Le Comité formé pour l'érection de ce monument, organisé par MM. Brianchon et Gustave Gouellain, était composé de trente-six membres, choisis parmi nos meilleurs antiquaires normands. Ces archéologues pensèrent, avec raison, que leur illustre maître méritait autre chose qu'un beau tombeau, comme les gens dont le seul mérite consiste à être riches. Ils chargèrent donc M. Iselin, statuaire à Paris, de l'exécution d'un grand buste en bronze représentant l'abbé Cochet. Ce magnifique buste, qui a été fort remarqué au Salon de 1877, figure actuellement dans la cour intérieure du Musée d'antiquités de Rouen, dont l'abbé Cochet fut le directeur, et à laquelle le Conseil général de la Seine-Inférieure a donné son nom.

Enfin, comme troisième hommage, le Comité Cochet fit frapper une médaille à l'effigie de l'abbé Cochet, par un habile graveur, M. Chaplain. Cette belle médaille, en bronze florentin, est du module de 50 millimètres et destinée à entrer dans la collection dite des *Grands Hommes* (1).

Le lendemain du jour du décès de l'abbé Cochet, la municipalité du

(1) Nous possédons cette médaille dans notre Musée Cochet, et une réduction du buste en terre cuite, par Iselin, dont il n'existe que 27 exemplaires.

Havre s'empressait de faire graver son nom (2) sur le tableau des illustrations havraises, placé sous le péristyle de l'Hôtel-de-Ville ; ensuite elle donnait ce même nom à l'une de nos plus belles rues, et plus tard, sur notre demande. la galerie du Musée archéologique, qu'il a fondé, était appelée galerie Cochet et ornée de son buste.

En publiant cette notice. nous n'avons pas la prétention de faire une biographie complète de l'abbé Cochet, notre maître regretté. C'est d'ailleurs un travail qui a déjà été entrepris par MM. Brianchon, Michel Hardy et les abbés J. Loth et A. Tougard. Après les excellentes notices publiées par ces estimables historiens, il reste bien peu de choses à dire sur l'abbé Cochet. Nous avons voulu seulement rappeler quelques faits se rattachant à son séjour parmi nous et, surtout, prouver que l'intelligente municipalité républicaine du Havre a tenu à honorer la mémoire d'un savant archéologue qu'elle peut compter au nombre des plus dignes enfants de notre ville, puisque lui-même il se vantait d'être *Havrais de naissance et de cœur*.

La réputation de l'abbé Cochet se consolide avec le temps, ce qui est le signe du vrai mérite. Aussi, nous espérons que bientôt ses nombreux admirateurs organiseront une nouvelle souscription pour lui ériger, sur l'emplacement de sa maison natale, à l'endroit où commence le boulevard Maritime, une statue semblable à celle qui a été élevée à Bayeux. en 1876, à la mémoire du célèbre monumentaliste Arcisse de Caumont.

« L'abbé Cochet, a dit avec justice M. Brianchon, fut pour la Haute-Normandie ce qu'a été M. de Caumont pour la Basse. L'un est le monumentaliste par excellence ; l'autre a créé la sépulcrologie. Tous deux ont laissé des titres impérissables à notre reconnaissance. »

---

(2) Par suite d'une erreur. le graveur a écrit Jean-Baptiste au lieu de Jean-Benoît.

BIBLIOGRAPHIE

Bianchon. — *L'Abbé Cochet, sa mort, son inhumation, son monument.* — **Rouen**, imp. E. Cagniard, 1875, in-8° de 52 pp.

— *L'Abbé Cochet, ecclésiologue et antiquaire chrétien.* — Dieppe, imp. Paul Leprêtre et C⁰, 1877, in-8° de 36 pp., orné d'une photographie.

— *Le Monument de l'abbé Cochet.* Tombeau, buste, médaille. — Mémorial de la souscription. — Rouen, E. Augé, éditeur, 1879, in-8° de LXXXIV-145 pp., avec une eau-forte de Jules Adeline et deux planches photoglyptiques.

Hardy (Michel). — *Notice biographique sur M. l'abbé Cochet,* accompagnée de la nomenclature complète de ses ouvrages et d'un portrait lithographié par Ch. **Duchesne** — Rouen, Ch. Métérie, éditeur, 1875, in-8° de 24 pp.

Loth (l'abbé Julien). — *Notice sur M. l'abbé Cochet.* — Rouen, Fleury, éditeur 1877, gr. in-8° de 46 pp.

Tougard (l'abbé A.) — *Lettres d'érudition et de critique,* adressées par M. l'abbé P. Langlois à M. l'abbé Cochet, publiées par l'abbé A. Tougard. — Dieppe, imp. Paul Leprêtre et C⁰, 1880, in-8° de 77 pp.

— *Excursions romantiques sur les bords de la Durdent et de la rivière de Fécamp* (mémoire inédit composé en 1833), par (l'abbé) J.-B.-D. Cochet, publié par l'abbé A. Tougard. — Rouen, imp. P. Leprêtre, 1887, in-8° de 31 pp.

— *Monument à la mémoire de l'abbé Cochet.* Procès-verbaux des réunions du Comité, 28 octobre 1875 — 28 novembre 1877. — Rouen, imp. E. Cagniard, in-4° de 24 pp.

Rousselin (Charles). — *Étude sur l'abbé Cochet.* — Paris, Ed. Rouveyre, éditeur 1886, in-12 de 67 pp.

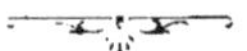

PIÈCES JUSTIFICATIVES

I

Lettre à M. J. Bailliard, conservateur du Musée archéologique de la ville du Havre, en date du 7 mars 1882.

Monsieur et cher Conservateur,

Au moment où l'on vient de réunir, dans une salle particulière, toutes ces antiquités, dont le nom seul évoque le souvenir du célèbre archéologue né à Sanvic-le-Havre le 7 mars 1812, ne serait-ce pas faire à la fois acte de justice et de patriotisme que d'inscrire à l'entrée de la salle ces mots :

GALERIE COCHET ?

On compléterait par là, de manière heureuse, l'hommage que nous devons à un homme qui a tant fait pour la Normandie en général, et pour le Musée du Havre en particulier.

Dans l'espoir que vous voudrez bien vous faire l'interprète, auprès de l'Administration de la ville du Havre, du vœu respectueux des amis soussignés de l'histoire locale et de l'abbé Cochet,

Veuillez agréer, Monsieur et cher Conservateur, l'expression de notre profonde estime et de nos sentiments les plus dévoués.

Signé : Léon Braquehais, Briançhon, Blanchet, Ernest Dumont, A. Lecadre, Alph. Martin.

II

Lettre de M. J. Bailliard, en date du 20 mars 1882, à M. Léon Braquehais, sous-bibliothécaire de la ville du Havre.

Cher Monsieur,

J'ai l'honneur de vous transmettre ci-jointe la copie d'une lettre que je viens de recevoir, et par laquelle M. le Maire du Havre donne satisfaction au vœu que vous avez formulé relativement au nom à donner à la nouvelle salle archéologique du Musée du Havre.

Je vous prie de bien vouloir faire part de cette décision aux diverses personnes qui se sont jointes à vous en cette circonstance pour rendre hommage à la mémoire de l'abbé Cochet.

Veuillez agréer, cher Monsieur, l'expression de mes sentiments de cordiale confraternité.

Le Bibliothécaire, conservateur du Musée archéologique.

Signé : J. Bailliard.

III

*Lettre de M. le Maire de la ville du Havre, en date du 20 mars 1882,
à M. le Conservateur du Musée archéologique.*

Monsieur le Conservateur,

Sur votre proposition, et suivant le juste désir exprimé par les signataires de la lettre que vous m'avez transmise le 7 de ce mois, j'ai décidé que le nom de *Galerie Cochet* serait donné à la collection archéologique installée récemment dans l'étage en soubassement du Musée.

Je vous prie de vouloir bien prendre les mesures nécessaires pour l'exécution de cette décision.

Agréez, Monsieur le Conservateur, l'assurance de ma considération distinguée.

Signé : Jules Siegfried.

IV

*Lettre de M. Léon Braquehais, en date du 18 juillet 1882,
à M. le Maire de la ville du Havre.*

Monsieur le Maire,

J'ai l'honneur de vous informer que j'ai l'intention de continuer à rendre hommage à la mémoire de l'illustre archéologue havrais, l'abbé Cochet, le fondateur de la sépulcrologie française, lequel est né dans la maison portant actuellement les numéros 3 et 5 de la rue Guillemard.

Je voudrais bien faire placer, à mes frais, sur la façade de cette habitation, un marbre commémoratif portant cette inscription :

ICI EST NÉ
JEAN-BENOIT-DÉSIRÉ
COCHET
LE 7 MARS 1812.

Je viens d'en obtenir la permission du propriétaire et n'attends maintenant que votre bienveillante autorisation pour réaliser ce projet.

Veuillez agréer, Monsieur le Maire, l'expression de mon respectueux dévoûment.

Signé : Léon Braquehais.

V

*Lettre de M. le Maire de la ville du Havre, en date du 20 juillet 1882,
à M. Léon Braquehais, sous-bibliothécaire.*

Monsieur,

Je donne ma plus entière adhésion à l'hommage si mérité que vous avez eu l'heureuse idée de rendre à la mémoire de l'illustre archéologue havrais, l'abbé Cochet.

Je vous autorise donc très volontiers à faire placer, sur la façade de la maison où il est né, l'inscription commémorative dont vous m'avez soumis le texte.

Agréez, Monsieur, l'expression de mes sentiments distingués.

Signé : Jules Siegfried.

OUVRAGES DU MÊME AUTEUR

Cicerone historique et archéologique dans la ville du Havre et ses environs. — Havre, imp. Lepelletier, 1882, in-16.

Légendes et traditions de l'arrondissement du Havre (publiées dans le journal *La Chronique Normande* de 1883 et 1884).

Guide de l'étranger au Havre et dans les environs. — Imp. du journal *Le Havre*, 1884, in-16.

Histoire de Bléville. — Havre, imp. Lepelletier, 1884, in-8° (ouvrage honoré d'une médaille d'argent grand module par la *Société Havraise d'Études diverses*, en 1883).

Nouveau Guide de l'étranger au Havre et dans les environs. — Havre, librairie A. Bourdignon fils, 1885, in-16. avec grav. et plan.

Nouvelles Biographies havraises. — Recueil de notices biographiques et bibliographiques sur les écrivains contemporains du Havre et de l'arrondissement, avec une préface de P. Cottard. — Havre, imp. T. Leclerc, 1886, in-12.

Havre-Guide. — Description de la ville et des environs. — Quatrième édition, revue, augmentée et ornée de 17 vignettes sur bois, ainsi que du plan officiel de la ville. — Havre, librairie A. Bourdignon fils, 1888, in-16.

Épigraphie de l'arrondissement du Havre depuis le XIII° siècle jusqu'à la fin du XVIII°. — Première partie contenant les inscriptions du Musée archéologique, des Églises du Havre, etc. — Rouen, imp. E. Marguery et Cⁱᵉ. 1889, in-8°.

(Cette notice sera continuée dans la *Normandie Littéraire, Archéologique, Historique, etc.*)

L'Abbé Cochet au Havre, sa maison natale, hommages rendus à sa mémoire (Extrait de la *Normandie Littéraire, Archéologique, Historique, etc.*) — Rouen, imp. E. Marguery et ⸱ , 1889, in-8°.

EN PRÉPARATION

Notice historique sur la Bibliothèque Municipale du Havre depuis sa formation jusqu'à nos jours.

Bibliographie des ouvrages de l'abbé Cochet.

Rouen. — Imp. E. Marguery et Cⁱᵉ.

www.ingramcontent.com/pod-product-compliance
Ingram Content Group UK Ltd.
Pitfield, Milton Keynes, MK11 3LW, UK
UKHW031720170726
13836UKWH00001B/368